La incertesa de l'encert...

Àngels Almazán

Poesia

Al meu poble català, al meu petit país Catalunya!

Contingut

- Les solituds.
- Tot un plaer.
- I tancaré.
- A l'hora.
- Buscar-te.
- El teu so.
- Busco.
- El meu llenç.
- Bufa'm.
- Llum.
- Ets tu.
- Degoteig.
- Sordesa.
- Ja arriba.
- Darrera la porta.
- Realitat fugaç.
- Horitzó.
- Amagada.
- Quan de petita.
- Vull.
- No sé per què, no sé res.
- Un desig.
- Plou.

Catalunya

- Temps de guerra.
- Rebutjo.
- El meu petit país.
- Diuen els ocells.
- No.

I si...

I si quan obri els ulls, tu ja no hi ets,
i si quan et vulgui estimar, no sento res,
i si quan les meves mans et vulguin tocar, no
podré,
i si quan el meu cor vulgui bategar... No ho
aconsegueixo.

No puc ni imaginar que pugui passar,
no puc sentir mai, aquesta angoixa, aquesta
necessitat,
no puc ni imaginar que em pugui passar.

Si quan tanqui els ulls puc saber,
que tu hi ets,
si quan tanqui els ulls, la teva i la meva pell...
Si puc saber, que...

Hi ets...

No m'oblidis, no.

No m'oblidis, no...
No pensis que ja no sóc jo,
no creguis que fins aquí no arribaré,
no esperis que jo, no faci res.

No m'oblidis no, amor...
Jo esperaré sempre la teva passió,
jo esperaré sempre les teves emocions,
jo...

No m'oblidis no, cor...
M'emociono només amb la teva olor,
m'emociono només de pensar,
que un dia tu i jo, retrobarem, el nostre amor.

Fes-me un petó.

Només un petó, un petó només...
Que dolç que deu ser, que t'ho puguin fer.

Només un petó, un petó només...
Quina suavitat la teva pell.

Només un petó, un petó només...
Fes-me un de millor, o millor dos o tres.

O tres o dos.

Replega.

Has passat gana, gana de viure,
has passat gana, gana d'il·lusions,
has passat gana, gana de petons,
has passat gana, gana d'amor.

Has volgut córrer,
has volgut somiar,
has volgut tastar,
has volgut trobar.

Busca, troba, replega,
busca, dibuixa, crea,
busca, assaboreix, entrega,
busca, busca, busca...

Passes.

Quan miro al futur, veig somnis i desitjos,
quan la meva ment dibuixa aquests desitjos, en
surten ales,
quan el meu cor sent aquests somnis,
en surten ales,
quan perdo la vista mirant l'horitzó,
en surten ales.

Passes petites cap a la direcció que vull
prendre,
com passes de ballarines minúscules que em
van impulsant,
passes rítmiques amb desitjos impresos,
passes rítmiques que amb la seva dansa,
dibuixen el meu món.

Cansada.

Estic cansada de provar-ho tot, de mirar de ser bona nena,
cansada d'intentar ser bona a la meva feina,
estic cansada de compliments, de buscar les raons,
estic cansada dels somriures falsos, de les mitges veritats.

Estic cansada de deixar fer, de no ficar-me on no toca,
i que els altres, vinguin i facin el contrari,
estic cansada de buscar la tranquil·litat, la raó de ser,
de lluitar per la veritat, de lluitar contra la falsedat.

Estic cansada de buscar l'amor i trobar descontrol,
estic cansada de no demanar i que els altres et creguin en l'obligació de donar.
Estic cansada de preocupar-me i veure com passen de tot,
estic i de vegades, aconsegueixo no ser-hi,
però només de vegades.

Tot seguit.

S'acaba, tot s'acaba...
I al mateix moment que posem fi, comença, tot comença.
El neguit del final de qualsevol cosa, el neguit de concórrer,
la sorpresa del llaç que l'envolta, la sorpresa de no saber.

Comença, tot comença...
com el primer alè d'un nou nascut,
com el primer pas del teu fill,
com la primera paraula expressada.

Segueix, i tot, segueix...
Amb moltes ganes, amb moltes il·lusions,
amb somnis i esperances,
i tot seguit, continuem...

Resquill.

Un petit resquill, tan petit que ningú es va adonar compte,
ningú no va saber que per aquest resquill, la vida fugia,
s'escapava, com s'escapa un mocador dels dits amb el vent,
va volar, va volar tan alt, que ja no va poder tornar.

Ningú va ser conscient, ningú ho va saber, ningú,
al seu voltant xerraven, comentaven, reien,
però per aquest petit resquill, tot va acabar.

La consciència va lluitar per cridar,
però no va poder, va perdre, va defallir,
la consciència va rebregar, tant com va poder, però no...
No va saber, com, de quina manera, fer-se veure, no ho va saber fer, no...

A fora.

A fora bullia la vida, la que no tenia,
la que lluïa plena d'emocions, la que patia,
a fora, els crits, les paraules, els sons,
ho veia, però no ho tenia, no ho gaudia.

A fora

Tremolava la vida, corria, ho sabia,
a fora els colors sorgien, compartien,
a fora brillaven, refulgien, omplien,
a fora la vida es sentia, pels racons, pels
carrers.

A fora

A fora, no s'atrevia, no volia, així ho creia,
a fora les oportunitats, segur, allí estarien,
pacients, esperant que algú vingués, que algú
s'apropés,
a fora no volia, no s'atrevia, feia por, feia
mandra, feia...

A fora

A fora la vida que no compartia,
a fora els senyals, que no trobaria,
a fora l'amor que no sentia,
a fora tot allò que volia i no trobava.

A fora la vida que no vivia.

Digués.

Digués què penses, què et fa falta,
digués quin moment és el desitjat,
quina vegada un somriure et va il·lusionar,
digués si tens prou o què més necessitaràs.

Digués on et va trobar,
on havies d'esperar i et vas desesperar,
digués què és per a tu, una realitat,
digués si en un moment donat, ho sabràs.

Digués, penses?... Digués la veritat,
no trepitgis amb dubtes, trepitja fort sense
parar,
què penses ara, què pensaràs demà,
sí ja sé, pregunto sense parar...

Digués.

Buida.

Asseguda, sola i amb la vista perduda,
la mirava i veia, que ella...
No hi era, el seu cos sí, però ella no,
feia més d'una hora que, sola, sospirava.

Ell l'observava, era igual que la mirés
directament,
era igual que l'observes descaradament,
no hi era, el seu cos sí, però ella no,
ho va pensar diverses vegades, va rumiar si
fer-ho.

Quan va decidir per fi, que sí... Aniria,
ella de sobte, va aixecar-se i va marxar.
Ell, dret al costat de la taula, se la va mirar.
Anava sola, buida, perduda.

Ell es va quedar sol, buit, perdut.

On ets?

Petitona, què fas?
Ja saps que no vull haver d'imaginar-te,
ja saps que no vull haver de somiar-te.
Petitona, on estàs?
Saps que la meva ment està boja per tu? Saps
que el meu cos et necessita?
Encara no saps que el meu cor, tremola?
Petitona, on estàs?
Et vull besar, et vull abraçar, el vull
contemplar.
Petitona, on estàs?
Prego per trobar-te una vegada i una altra
demà i una altra avui, demà passat, ara i fins al
meu final.

Mossega'm.

Mossega'm els llavis, com tu saps,
mossega'm suau, amb passió, mossega'm i prou,
vull sentir que no puc escapar,
vull sentir la meva sang lluitant.

Mossega'm ja.

Cor.

Cor que tens por,
cor que amagat darrere les flors, sospires,
cor que tens gana,
cor que amb desitjos omples la teva ànima.

T'amagues de les subtileses de la vida,
t'amagues de les preguntes dolgudes,
t'amagues de l'esclavitud d'una cadena
oprimida,
t'amagues de l'equivocació patida.

Cor que tens por,
llences la clau al pou,
tanques les portes a una nova opció,
cor que fa temps que sents la buidor.

Cor pobre cor.

Goteja.

Et despertes, escoltes com cau l'aigua,
aquest soroll que t'agrada, que et calma i
t'omple.
Plou, un rumor suau, pausat,
tranquil·litza el teu ànim i acompanya.

Saps que després et queixaràs,
saps que quan surtis al carrer et mullaràs,
però és l'aigua de la vida,
és la que nodreix i fa créixer, la que forma part
de tu.

Desperta, escoltes, com sona el fet de gotejar,
com amb una empenta, sembla escombrar,
el teu sostre, el teu cap, el neguit,
i amb aquests escombrar... Et dóna
tranquil·litat.

Agafa les ganes.

Agafa la teva bossa i marxa,
no esperis que cap tren passi,
no esperis que ningú vingui a buscar-te
no esperis més, fes el que has de fer.

Agafa el camí del desig,
de l'amor i l'esperança,
de la pell i la carn,
dels petons i les abraçades.

Agafa de la mà les ganes,
observa la seva cara i comença,
el camí es fa curt si guanyes,
la batalla de les ganes i les pors.

Mira el sol i agafa,
un barret per cobrir els teus ulls,
que no mal fiquin l'horitzó fixat,
que puguis veure com s'apropa el teu destí
final.

Clic.

Un petó als llavis,
Un clic a la teva ment,
Una carícia dolça,
Un clic al teu cor.

Una abraçada forta,
Un clic a la teva ànima,
Un somriure espontani,
un clic al teu ànim.

Unes paraules boniques,
un clic al teu tarannà,
una ganyota,
un clic als teus llavis.

Em passaria tot el dia clicant...

Foscor.

Foscor de l'ànima que recorda,
forat maleït que no volies conèixer,
l'últim sospir expires,
buscant la llum que s'allunya.

Foscor enllaçada, encadenada,
deixant un rastre d'espelmes i flors,
camí fronterer de mil pobles,
units per la buidor trencada.

Buidor de pregàries no buscades,
mans esteses buscant l'altra mà, no entregada,
deixen escapar per la seva boca foc,
per justificar els seus propis defectes.

Escrits planyívols de cors purs,
que no busquen, però si troben,
aquella mà que de la foscor sortia,
aquella veu que callada acompanya.

Petit desig.

Petit desig guaridor,
cada dia un pessic d'amor,
cada somni un descans per al cor,
cada petita abraçada, una curació.

Petit desig guaridor,
puntets de costura que apedacen el cor,
llàgrimes d'alegria per tenir bon cor,
cola que enganxa la distància i la foscor.

Llumins de desitjos de tot cor,
estels fugaços de somnis sense rancor,
petit desig guaridor,
tanca els ulls, sospira i demana sense por.

Raconets.

Raconets de memòria del desig,
vigilen expectants trobar el seu moment,
enllaçant emocions, sentiments, il·lusions.

Raconets de memòria que vol continuar,
sospirant per una carícia, un petó, un moment
d'amor.

Un instant.

Adéu si au.

El mocador va caure de les seves mans,
plorava tant que no veia que feia,
el buscava sense adonar-se que...
Als peus esperava per ser recollit.

Respirava amb singlot, l'hi costava desfer el seu nerviosisme,
mirava d'aturar la cascada de llàgrimes que no parava de fluir,
mirava de controlar el fet de tremolar de les seves mans,
mirava de semblar tranquil·la i deixar de patir.

No valia la pena seguir així,
ja tot estava fet i l'única cosa que podia a la fi,
era resignar-se i mirar de continuar camí.

De vegades a la vida,
lluites quasi sense sentit,
lluites per un deure que t'han ensenyat així,
lluites per a la fi... Tenir un número gravat en el front,
que serveix per només acomiadar-te... I adéu,
fins a un altre... I a parir.

Recordo.

Recordo aquell moment distant,
recordo com marxaves i em vas deixar,
recordo el nus que el meu cor va fer,
recordo que fins avui, no l'he pogut desfer.

Recordo les abraçades i xerrades,
recordo els paisatges i mirades,
recordo com miraves al cel,
recordo sortir darrere teu , per pujar amb tu a ell.

Recordo les llàgrimes,
recordo les penes,
recordo les absències,
recordo que no va valer la pena.

Ara aquell nus ja no hi és,
ara el meu cor corre lliure sense ell,
ara sóc lliure de riure i no patir.
Que no només era teu, era meu sense haver d'esperar res.

Ara sóc feliç,
ara sóc lliure de riure i no patir.
Ara no deixaré,
que ningú faci nusos al meu cor, ni als meus sentiments,
ni a la meva vida, ni a qualsevol fet.

Nua.

Nua, asseguda sola, sentint la brisa com
acaricia la meva pell,
nua, sense res que posar-me a l'ànima, sense
vestit per fer,
nua, sense res que tapi les vergonyes,
nua, amb la cruesa del pensament incert.

Nua, despullada de les virtuts,
nua, trencades les barreres de les paraules,
nua perquè no hi ha talles pel desig,
perquè estic nua sense sentir.

Nua d'abraçades i desitjos,
nua de veritats i raons,
nua per sempre nua, encara que, declarin el
seu amor,
Nua per sempre nua.

Nua estic així, nua sense patir,
perquè en la nuesa he perdut la raó de viure,
la raó de pensar, la raó de sentir,
nua estic, nua... Nua, estic.

No puc.

No m'hi puc estar de tu,
no puc pensar si no et sento.
Si no trobo la raó de tenir-te,
si no veig el perquè de tot plegat.

No m'hi puc estar dels teus petons,
de les teves carícies,
de les teves paraules,
no m'hi puc estar de tu.

No m'hi puc estar al meu llit vuit,
no m'hi puc estar sense estirar la mà i no
trobar-te,
no m'hi puc estar sense obrir els ulls i

mirar-te.

No m'hi puc estar de pensar-hi,
de sentir-te,
de tocar-te,
de tenir-te al meu costat.

Tot s'acaba, tot comença.

Ja s'acaba, tot finalitza,
un corrent flueix majestuós,
és la vida que continua, és l'amor,
és la nostàlgia del que va ser,
és la remor del que vindrà.

Tot s'acaba, tot comença,
tot té vida, tot la perd,
les sorpreses, les esperances,
les mancances, les il·lusions.

Ja s'acaba, tot comença,
i amb aquest tot vindrà,
un nou dia, un nou any,
vindràs tu i la teva nova amistat.

Tot s'acaba, tot comença,
el circuit està tancat.

Què faré demà?

Quina cosa faré demà?
Em llevaré d'hora, o romandre al llit, abraçada
al meu coixí!
Quina cosa faré demà?
Em posaré el cafè només llevar-me?
O miraré de llegir una estona abans?
Mm no sé, el que sí que sé... És que no hauré
de matinar per anar a fitxar.

Crec que miraré per la finestra,
veure les meves flors,
observaré el color del cel,
buscaré els ocells volant,
i amb el cafè a una mà i la tranquil·litat a l'altra,
dibuixaré historietes al meu cap.

Vés.

Veig que de vegades, penses,
en fer la maleta, en agafar la porta, en marxar.
Veig que de vegades, creus,
que res no val la pena ja, que no val lluitar.

Veig que de vegades, sents,
que sola estàs, que ningú ja et podrà fer mal.
Veig que de vegades, notes,
que la solitud, gran t’està, obligada és,
insuportable resta.

Veig que de vegades,
no val la pena pensar tant,
no val la pena, buscar, sentir, notar,
veig que de vegades, busques llibertat.

De vegades veig,
que hauries d'escapar, encara que...
Fos a la cantonada, a la botiga del costat,
al cafè, a la plaça a xerrar...

Veig que busques llibertat,
la tens a les teves mans,
no et deixis dominar.

Vés...

Les solituds.

La meva ànima camina sola,
deixa enrere el rumor dels amors viscuts,
busca un turó on refugiar-se,
busca una cova on viure la seva solitud.

Tretes les llàgrimes primeres,
eixugades i oblidades,
lleva les ganes i les fal·leres,
no caldran a les obvietats del cor.

Les mans buides ja no busquen,
les buidors dels cors en solituds,
les carícies perdudes,
i les abraçades deixades enlloc.

La incertesa i el dolor, no caldran, no,
no buscaran refugi en mi,
no trobaran calor ni acolliment,
encara que lluitin per trobar-se.

Tot un plaer.

Fregues les teves mans,
ja desitges el moment, el somies,
quan arribi gaudiràs d'ell,
sexe i ganes, tot un plaer.

Jugueu el joc de l'amor,
jugueu a jocs tots dos,
sexe i ganes, tot un plaer,
poder jugar amb ell.

I tancaré els meus somnis.

Tancaré els meus ulls,
somiaré fins a adormir-me,
despertaré en el meu somni,
i voldré tornar a dormir.

Tancaré els meus ulls,
i no voldré viure la realitat que somio,
no voldré sinó somiar, voldré no despertar.

Tancaré els meus ulls i voldré,
tornaré a viure allò que vaig somiar,
allò que en somiar em provocava voler
despertar.

A l'hora.

El rellotge sovint marca el ritme del meu cor,
trontolla la tranquil·litat del desig,
mou les barites de la meva estabilitat,
controla els batecs del meu pensament.

Accelera al gust, la sal de la meva vida,
posa pausa a la meva carrera,
debilita l'espera del que vindrà,
el rellotge sovint batega sense pietat.

Deixa'm marcar les meves hores,
deixa'm córrer si en tinc ganes,
deixa que m'aturi davant una cruïlla,
dóna'm temps per pensar, deixa que visqui la vida,
deixa'm que pugui sospirar.

Buscar-te.

Em busco i no em trobo,
de vegades penso que tinc massa por,
de vegades crec que soc massa insegura,
em busco i no em trobo.

Trobar-te a tu mateix.
¡Que difícil és!
Trobar un moment de pau, de claredat,
trobar les respostes sense buscar.

Trobar el moment precís,
trobar la manera de parlar,
trobar com saber estar,
que complicat tot plegat.

Em busco i no em trobo,
o és que no em se buscar,
o és que no busco bé, on he de buscar,
o és que no hauria de buscar pas....

Trobar-se a un mateix i no dubtar,
no mirar de fer-ho tot bé,
relaxar-se i descansar,
mirar de tenir pau sense haver de rascar,
mirar de trobar-te i que t'agradi el que acabes
de trobar.

Trobar o no trobar, tot és igual, no cal...

El teu so.

Escolto una cançó i un corrent omple el meu
cervell,
les notes es filtren pels meus sentits,
fan que vulgui ballar, fan que vulgui volar.

La música omple el meu cor,
de vegades crec que si no fos per una cançó,
la vida no tindria sentit, no tindria raó,
no valdria la pena sortir i no escoltar, no.

Escolto la música i sé que visc,
escolto la cançó i ballo al seu so,
escolto els compassos i sento la vibració,
del terra, de l'aire, de mi mateixa, de tots.

Fer l'amor al ritme de la teva cançó,
omple l'ànima, omple els sentits,
ho omple tot.

Busco.

Observant la tassa de cafè em perdo,
miro el fons i no sento,
bec el que és calent i penso,
que en mig del líquid que els meus llavis noten,
ets tu.

Busco i trobo la suavitat del bes,
busco i trobo l'escalfor posada en ell,
busco i trobo un plaer momentani,
busco però no trobo el cos, el batec, el cor.

No deixa de ser un cafè,
no deixo de pensar en ell,
no deixo de trobar a faltar la pell.

El meu llenç.

En el llenç del meu cos, vull,
que pintis tots els colors,
vull que dibuixis la tristor amb tons grisos,
vull que donis color al meu despertar,
vull que dibuixis perfils de mil sensacions.

En el llenç del meu cos, vull,
que t'inspiris fins a la tardor,
que els colors primaris siguin la teva
inspiració,
que el teu traç delimiti les meves formes,
que la perspectiva de la teva llum il·lumini la
meva aparença donant-li composició.

En el llenç del meu cos vull,
que les línies no siguin rectes, ni corbes,
en aquest llenç vull que totes siguin i
configurin la teva inspiració.
En el llenç del meu cos vull,
que busquis la musa de la teva il·lusió.

Bufa'm.

La clau del cadenat que obre el meu pany,
la trobaràs sota el coixí, al costat de la meva
mà.
Quan t'apropis a buscar-la, em pots bufar
fluixet al coll,
i si veus que els meus cabells s'ericen,
llavors, podràs obrir.

Llum.

La llum que il·luminava la seva silueta,
anava descobrint a estones el seu cor,
com far que il·lumina l'aigua,
la llum anava descobrint la seva calor,
la seva carícia, la tendror, les ganes de sentir
amor.

La llum que il·luminant caminava darrere
d'ella,
com si d'una persecució és tractes,
amagava els racons que ella no volia veure, no,
amagava les pors, amagava les desil·lusions,
però no podia amagar tota la seva decisió.

La llum que la il·luminava,
descobria a cada moment les seves
sensacions,
la seva inspiració, les emocions i sí,
aquella brillantor que la seva decisió dibuixava
a la seva cara,
als seus ulls, que perfilava les seves ganes de
guanyar a la confusió.

Ets tu.

Creixes amb masses preses,
vius amb desesperació,
penses que si no gaudeixes,
no podràs aconseguir-ho, no.

Penses que tots els minuts del dia són pocs,
creus que malbarates els teus moments,
no et pares a cap lloc per arribar més lluny,
masses preses per a adonar-te.

Que ets tu...
Que no cal, que sempre seràs tu,
que qualsevol moment viscut és or,
que qualsevol moment passat és argent,
que qualsevol moment futur és amor.

Degoteig.

Un degoteig rega les ganes,
fa florir el meu cor,
fa brillantor,
fa que l'ànima visqui,
que begui del fruit de les sensacions.

Sordesa.

Faltes a estones, faltes,
no trobes mai el moment d'assistir-hi,
no hi creus necessària. la teva presència.
Però sí que creus que amb la teva no
assistència,
algú et trobarà a faltar.

Miralls absurds de desitjos que si no busques,
no trobaràs,
expectatives de finals feliços que sinó els vius,
no són teus,
gots buits de copes que mai has omplert.

Faltes a estones, faltes,
de la vida, dels companys, de les converses,
de les companyies i les risses dels que
t'envolten.

Toca un piano, uns acords, que omplen el cor
somiador,
però de vegades, la cançó no és per a tu,
de vegades, els sons, són per un altre,
de vegades, la sordesa de la vida s'instal·la en
la teva

i de vegades, escoltes les remors d'allò que podria ser i no és.

De vegades, no hauries de faltar.

Ja arriba.

Ja escolto el rumor,
ja la meva pell s'eriça,
ja contemplo el naixement,
ja desitjo, mirant com brilla.

Ja el rumor m'omple,
ja la pell té expectatives,
evoluciona el seu cos,
espero amb ansietat la fita.

Ja passejaré a la vora del rumor,
ja el color m'omple,
ja les flors m'acaronen,
ja el desig s'ha complert.

Els dies són més amorosos,
l'aigua està menys freda,
els rams omplen la meva vida,
soc feliç observant, escoltant, gaudint.

Ja la primavera està aquí.

Darrere la porta.

A les portes del dormitori esperava,
darrere la porta, no entrava,
no volia interrompre, els sospirs, les ganes,
els desitjos, les carícies...

Darrere la porta, pensava,
que, si fos ell, qui provocava els sons,
deixaria la carn tendra i copsada,
de ganes i sensacions, de desitjos i pell
anhelada.

Darrere la porta, tenia moltes ganes.

Realitat fugaç.

No tens ni idea de per quina raó esperes rebre resposta,
no tens idea de quina força t'hi porta a esperar-la,
la raó no té res a veure en els teus somnis, la raó no funciona,
s'ha fixat en tu, com es fixa una llum a la teva retina,
s'ha fixat en tu i no vols que marxi, vols que es converteixi en una realitat.

No tens idea de quan i de quina manera, però...
Aquí estàs somiant, buscant, esperant, dibuixant,
els seus llavis, els seus petons, com sabran tots plegats? Preguntes,
com els sentiràs...

Vols donar-te sencera, vols trobar-te entre els seus braços,
tens por de la realitat, tens por de trobar-te'l i saber, que mai el tindràs,
t'espanta no trobar-lo pel carrer, tens por de perdre, el que mai has tingut,
tens necessitats de seguir somiant,
tens ganes i les ganes et provoquen ansietat.

No saps si el somni, mai es convertirà en una realitat.

Horitzó.

Busco en les meves passes les respostes,
busco en el vent escoltar una frase,
miro l'horitzó i espero, un somriure,
una mirada, una carícia, una paraula.

Aixeco els ulls al cel i veig dibuixades,
les esperances, les ganes, les enyorances,
aixeco els ulls i veig, que lluny que està tot,
que lluny aprendre a viure,
que lluny aprendre a pensar,
que lluny estic de tot plegat.

Amagada.

Amagaves la teva cara al coixí, la llum apagada
amagava el teu cos,
però la teva ànima trencada necessitava
amagar-se de la por.
En la foscor buscaves, el que sola no trobaves,
ja no,
el que al teu llit, amb llàgrimes que per la teva
galta baixaven,
mai trobaries, mai descobriries, mai... Amb la
mà estesa tocaries.

Amagaves els teus ulls a la foscor,
amagaves tots els dolors,
amagaves les ganes de trobar-te amb el seu
cos.

Dormies cansada la teva ment, el teu cor,
de vegades despertaves i no sabies a on,
i quan la teva consciència et retrobava al lloc,
les llàgrimes tornaven a donar-te la raó.

No vols despertar de dintre de la teva foscor,
no vols sortir del teu sopor,
no vols lluitar, no vols...

Quan de petita...

Quan de petita em preguntava què seria de gran,
sabia que guerrera, sabia que lluitadora, sabia que sincera.
Quan de petita pensava si tindria amor,
dubtava de trobar-lo, dubtava de tenir-lo, dubtava.
Quan de petita pensava en la gent,
no veia clar el futur, no sabia si seria bo o dolent.
Quan de petita pensava en el món,
no veia... no dubtava, no sentia, no sabia.

Vull.

Des del fons del meu cor
Des del fons de la meva anima, prego per tenir
un instant, un moment, uns segons de plaer.
Des del fons de la meva anima, vull tenir-te,
vull poder besar-te, abraçar-te.
Des del fons de la meva anima, vull sentir-te,
notar-te, ensumar-te, assaborir-te.
Des del fons de la meva anima, tanco els ulls i
somio, en aquest instant, en aquest moment,
en què els teus llavis s'apropen als meus i
sento la teva pell, la teva calor, la teva dolçor...

Des del fons del meu cor, prego...

No sé per què, no sé res...

El vaig veure, allà, davant meu, dinant.
Feia temps que no el veia, feia temps que
l'havia oblidat.
El vaig veure com em mirava, com si
m'esperés,
com si l'alegrés saber...
El vaig veure com somreia, com em saludava,
com els seus ulls brillaven.

Vaig sentir que sí, que a mi també, que jo
també.
Vaig pensar que potser, o no, no sé...
Vaig sentir que tornaria a patir, que tornaria a
buscar i...
No el tornaria a trobar.

No sé per què, no sé res...

Un desig.

Surto del meu cos, volo,
persegueixo un somni, un desig,
no peso gaire, no sento res, només busco,
no em veig, no sento el meu cos.

Sé que la meva fita m'espera,
encara que ara, no sé quina és,
em consta que vull alguna cosa,
em consta que m'atrau sense fi.

Surto del meu cos, volo,
persegueixo la necessitat de tenir,
busco i trobo, m'ho miro i no em decideixo,
busco i retrobo, un petit desig que vaig tenir.

L'agafo i acarono,
no desprèn olor, no té sabor,
no fa soroll...
Però si l'apropo als meus llavis,
sento que és la fi, el que buscava, el meu petit
desig.

Són els teus llavis, sí, els que em fan patir si no
els tinc.

Plou.

Goteja i escolto aquest petit rumor que l'aigua transforma en música,
goteja i el fet de campanejar de les gotes al sostre que em cobreix, m'acarona la ment,
goteja i quan sento que es fa més forta la seva cadència, m'aturo, escolto...

Els meus ulls busquen les formes, busquen el color, busquen l'impacte.
Els meus sentits s'extasien esperant, guaitant el moment.

El vent empeny amb delicadesa i la pluja juga a ballar un vall conqueridor.
Goteja i els meus sentiments albiren el moment, gaudeixen de tenir-ne uns segons per a ells.

Hola a tots, a partir d'aquí he volgut afegir cinc poesies que parlen d'emocions, de sentiments, de moments viscuts per mi a Catalunya.

Desitjo que us agradin.

Àngels.

Temps de guerra.

He penjat les ales, no les vull més,
no fins que la raó torni,
no fins que les ànimes somriguin,
no fins que les mans acaronin.

He penjat les ales, i amb elles, l'esperança,
les he penjat perquè estic trista,
les he penjat perquè no bufa l'aire,
les he penjat perquè bufa la tempesta.

He penjat les ales, i ara vull,
tenir ganes de somriure,
tenir ganes d'amar,
tenir ganes de viure.

Aletes meves, espereu-me,
no us oblidaré,
però ara hi ha temps de guerra,
però ara, no us vull fer malbé.

Rebutjo.

Rebutjo la lluita fratricida,
rebutjo la mà que domina,
rebutjo la boca tancada,
rebutjo no tenir paraula.

Rebutjo l'estupidesa de quedar-te parada.

El meu petit país.

El meu petit país màgic,
viu camps llaurats,
de ganes de llibertats i alegries,
de ganes de treballar i lluitar.
El meu petit país màgic
viurà sempre somiant,
en el futur del demà,
en el futur conquerit treballant.

En el futur, el nostre, el de tots plegats.

Diuen els ocells.

Diuen els ocells...
Que s'escolta una remor de victòria,
una remor d'història,
una remor de lluita entre cims de muntanyes,
entre valls properes, entre rutes pirenaiques.

Diuen els ocells que escolten,
la tralla que s'emporta, la remor de la
conquista,
diuen que senten, que la terra tremola,
que l'esperit esmicola, la por de les entranyes.

Diuen els ocells que escolten,
xiuxiuejar al poble, preparar la batalla,
entre entrepans i botes, entre espardenyes i
abraçades,
diuen que ploren, però de l'alegria de saber,
que entre tots replegarem, les ganes, els
petons,
la saviesa i tot el nostre amor.

Diuen els ocells que escolten.

Com el meu poble guanya.

No.

He après a no tenir por,
a lluitar pel que penso i crec,
he de defensar la vida i als que la vivim,
he après que plorar no arregla res.

He après que les idees i els sentiments,
van de la mà.
He après que les emocions i les ganes,
companyes són.
He après que de la mà de la pau, tot es pot
aconseguir.

He après a no tenir por,
he après a decidir,
he après que hem de suportar difícils moments,
he après que no sempre la mateixa cançó, té
raó.

He après que no és no,
he après que dir no, no em fa por,
he après que si no t'agrada la meva decisió,
tu, hauràs de resoldre, per a tu, aquesta
situació.

La incerteza de l’encert…

Biografia.

Santboiana des dels quatre anys, egarense de naixement, el meu esperit inquiet em mou a descobrir mons, fantasia i l'art en general. M'encanta la naturalesa, el món animal, el descobriment i tot el que em sorprèn gratament. La creativitat m'empeny a escriure, soc una poeta que llangueix entre línies, una escriptora a la qual l'apassiona el quotidià, una narradora de contes entre nimfes i elfs i una novel·lista que intenta transmetre amb la seva prosa allò que empeny l'ànima. Aquesta mateixa creativitat em porta a modelar, a crear des d'aquesta pastilla d'argila i donar-li vida al que neix de molt endins. El blanc i negre a vegades em porta a acolorir moments, a donar girs inesperats, a cavil·lar sobre cap a on es dirigeix el món. I per tant, cap a on em dirigeixo jo

Bibliografia.

2016-Venganza, novel·la fantàstica, animalista, castellà

2016-La vida en relatos, relats, català i castellà.

2016-Set contes per a... tu! Contes infantils, català.

2017-Xerrant poesia amiga, poemari, català.

2017-Un café en retaguardia, poemari, castellà.

2017-Relatos con intimidad, relats, castellà

2017-De amores y almas, poemari, castellà.

2017-Mi independència y yo, mi 155. Opinió, castellà i català.

2018-Baile de máscaras, relats eròtics, castellà.

2018-La incertesa de l'encert, poemari,català.

2019-Sant Jordi, poemari, català.

2019-Bruixa, novel·la, català.

2020- Soc de vidre, poesia i relats, català.

2022-Cendra, traducció de la novel·la Bruixa al castellà.

2023-Un Sant Jordi Terrorífic, relats, català. (Col·laboració)

Xarxes socials:

Web personal: https://angels-alma-art.webador.es/

Pàg. Autor Amazon:

https://www.amazon.com/author/angelsalmazan

Facebook: Àngels Almazán Ordóñez

***Instagram Escriptora**:* @angels_alma

Instagram Escultora: @angels_alma_art

Twitter: @Stbangels

***Tik Tok:* @**angels_alma

www.ingramcontent.com/pod-product-compliance
Ingram Content Group UK Ltd.
Pitfield, Milton Keynes, MK11 3LW, UK
UKHW040012200726
13854UKWH00001B/161

9 781719 053877